Impressum
Verlag: BABADADA GmbH, Nedderfeld 112 , 22529 Hamburg
Geschäftsführer / Verlagsleitung: Harald Hof
Druck: Books on Demand GmbH, In de Tarpen 42, 22848 Norderstedt

Imprint
Publisher: BABADADA GmbH, Nedderfeld 112 , 22529 Hamburg, Germany
Managing Director / Publishing direction: Harald Hof
Print: Books on Demand GmbH, In de Tarpen 42, 22848 Norderstedt, Germany

kool

ቤት-ትምህርቲ

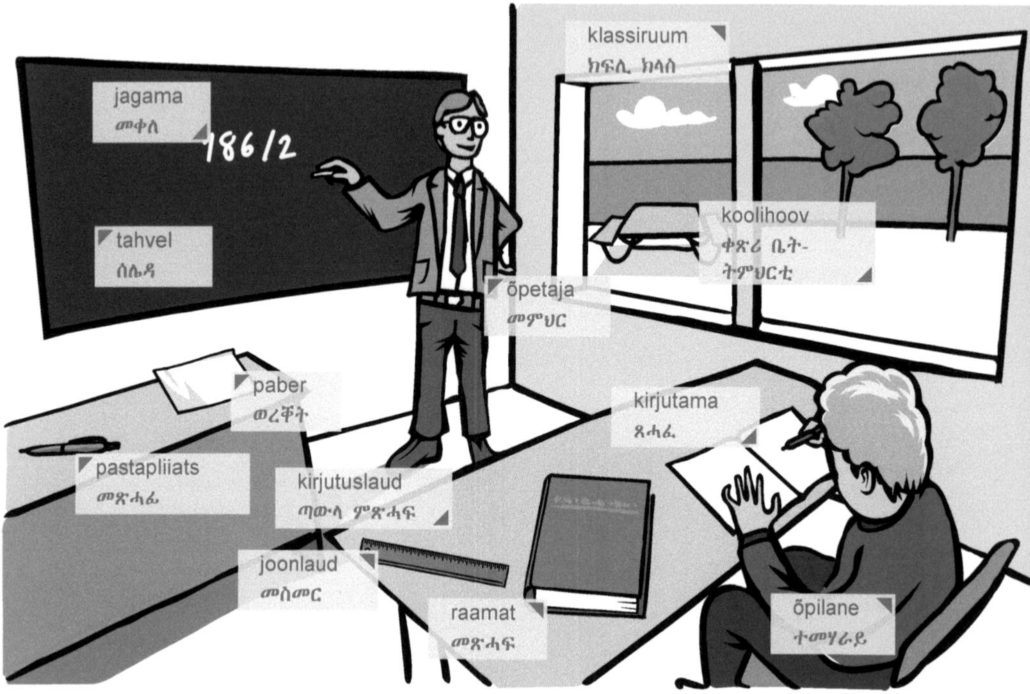
klassiruum
ክፍሊ ክላስ
jagama
መቀለ
186/2
tahvel
ሰሌዳ
koolihoov
ቀጽሪ ቤት-ትምህርቲ
õpetaja
መምህር
paber
ወረቐት
kirjutama
ጸሓፈ
pastapliiats
መጽሓፊ
kirjutuslaud
ጣውላ ምጽሓፍ
joonlaud
መስመር
raamat
መጽሓፍ
õpilane
ተመሃራይ

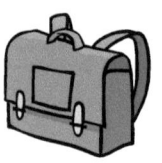

koolikott

ሳንጣ ትምህርቲ

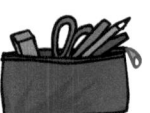

pinal

ሰፈር ብርዒ

harilik pliiats

ርሳስ

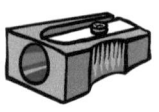

pliiatsiteritaja

መብልሒ ርሳስ

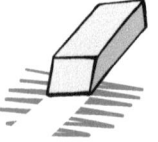

kustukumm

መደምሰሲ

joonistusplokk

ጥራዝ ስእሊ

joonistus

ስእሊ

pintsel

ብርዒ ቀለም

värvikarp

ቦክስ ቀለም

käärid

መቐስ

liim

መጣበቒ

töövihik

ጥራዝ መላመዲ

kodutöö

ዕዮ ገዛ

number

ቁጽሪ

liitma

ወሰኸ

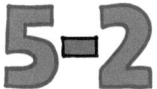

lahutama

ጎደለ

korrutama

ረብሐ

arvutama

ደመረ

täht

ፊደል

tähestik

ስርዓት ፊደላት

hello

sõna

ቃል

tekst

ጽሑፍ

lugema

ኣንበበ

kriit

ኩርሽ

koolitund

ሰዓት

klassipäevik

መዝገብ ክላስ

eksam

መርመራ

tunnistus

ሰርቲፊኬት

koolivorm

ድቢዛ ቤትትምህርቲ

haridus

ትምህርቲ

entsüklopeedia

ለክሲኮን

ülikool

ዩኒቨርሲቲ

mikroskoop

ሚክሮስኮፕ

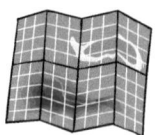

kaart

ካርታ

paberikorv

ጎሓፍ ወረቓት

hotell
hostel
ሆስተል
valuutavahetuspunkt
ቦታ ቅያር ገንዘብ
kohver
auto
መኪና

keel
ቋንቋ

jah / ei
እወ / ኖ

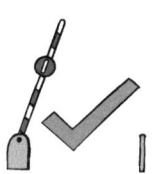

okei
ሕራይ

Tere!
ሰላም

tõlk
ኣስተርጓሚ

Aitäh!
የቐንየለይ

Kui palju maksab …?

. . . ክንደይ ዋግኡ?

Ma ei saa aru

ኣይተረድኣኹን

probleem

ሽግር

Tere õhtust!

ሰላም ምሸት!

Tere hommikust!

ከመይ ሓዲርካ

Head ööd!

ሰላም ለይቲ

Head aega!

ደሓን ኩን

suund

ኣንፈት

pagas

ጕዓዝ

kott

ሳንጣ

seljakott

ሳንጣ ሕቘ

külaline

ጋሻ

tuba

ክፍሊ

magamiskott

ክሻ መደቀሲ

telk

ቴንዳ

turismiinfo

ሓበሬታ በጻሕቲ ሃገር

rand

ገምገም ባሕሪ

krediitkaart

ክረዲት ካርድ

hommikusöök

ቁርሲ

lõunasöök

ምሳሕ

õhtusöök

ድራር

pilet

ቲከት

lift

ሊፍት

postmark

ማሕተም ደብዳበ

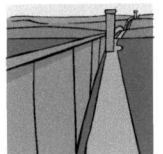

riigipiir

ዶብ

toll

ድጓና

saatkond

ኣምበሲ

viisa

ቪዛ

pass

ፓስፖርት

transport

መጓዓዝያ

lennuk
ነፋሪት
laev
መርከብ
tuletõrjeauto
መኪና መጥፍኢ ሓዊ
buss
veoauto
ናይ ጽዕነት መኪና
mootorpaat
ጃልባ ሞቶር
jalgratas
ብሽግለታ
auto
መኪና

praam

ፈሪ

paat

ጃልባ

mootorratas

ሞቶ

politseiauto

መኪና ፖሊስ

võidusõiduauto

መኪና ቅድድም

rendiauto

ክራይ መኪና

ühisauto

ምውፋይ መካይን

puksiirauto

መወሰዲ መኪና

prügiauto

መኪና ጎሓፍ

mootor

ሞቶር

kütus

ነዳዲ

tankla

እንዳ ነዳዲ

liiklusmärk

ምልክት ትራፊክ

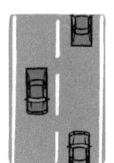

liiklus

ትራፊክ

liiklusummik

ምጭቕጫቕ ትራፊክ

parkla

መዐሸጊ መኪና

raudteejaam

መዕረፊ ባቡር

rööpad

ሓዲግ

rong

ባቡር

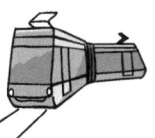

tramm

ትረም

vagun

ባጎኒ

helikopter

ሄሊኮፕተር

lennujaam

መዓረፊ ነፈርቲ

torn

ታወር

reisija

ተጐዓዚ

konteiner

ኮንተይነር

pappkast

ሳንዱቕ ካርቶን

käru

ኮርሳ ጽዕነት

korv

ዘንቢል

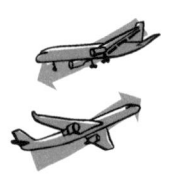

õhku tõusma / maanduma

ተበገሰ / ዓለበ

linn

ከተማ

küla

ቍሸት

kesklinn

ማእከል ከተማ

maja

ገዛ

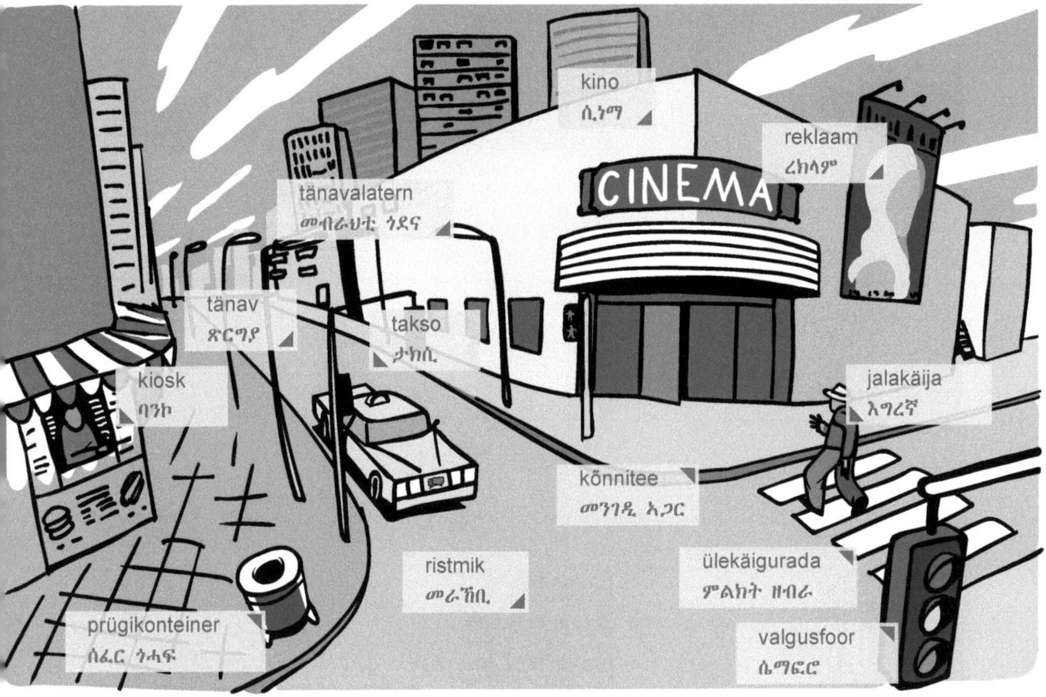

kino
ሲነማ
reklaam
ረክላም
tänavalatern
tänav
ጽርግያ
takso
ታክሲ
kiosk
ባንኮ
jalakäija
እግረኛ
kõnnitee
ristmik
መራኸቢ
ülekäigurada
ምልክት ዘብራ
prügikonteiner
ሰፈር ጎሓፍ
valgusfoor

osmik

ኣጉዶ

kortermaja

ኣፓርትመንት

raudteejaam

መዕረፊ ባቡር

raekoda

ቤት ምምሕዳር

muuseum

ቤተ መዘክር

kool

ቤት-ትምህርቲ

ülikool

ዩኒቨርሲቲ

pank

ባንክ

haigla

ሆስፒታል

hotell

መቐበሊ ኣጋይሽ

apteek

ቤት መድሃኒት

kontor

ቤት ጽሕፈት

raamatupood

ዱኳን መጽሓፍቲ

kauplus

ዱኳን

lillepood

ዱኳን ዕንባባ

supermarket

ሱፐርማርክት

turg

ዕዳጋ

kaubamaja

ሹቕ

kalapood

ነጋዳይ ዓሳ

kaubanduskeskus

ሹቕ

sadam

መርሳ

park

መዘናግዒ

pink

ባንኪ

sild

ድልድል

trepp

መደያይቦ

metroo

ባቡር ትሕቲ ምድሪ

tunnel

ቢንቶ

bussipeatus

መዕረፊ ኣውቶቡስ

baar

ቤት መስተ

restoran

ቤት-መግቢ

postkast

ሰታሪት

tänavasilt

ታቤላ

parkimisautomaat

ሰዓት ፓርኪንግ

loomaaed

መካነ እንስሳታት

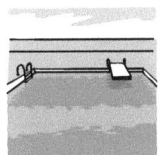

ujula

መሓምበሲ

mošee

መስጊድ

talu

ቤት ሕርሻ

reostus

ብከላ

surnuaed

መቓብር

kirik

ቤተክርስትያን

mänguväljak

ቦታ ምጽዋት

tempel

ቤት መቕደስ

maastik

ስእሊ መሬት

leht
teeviit
መሕበሪ መገዲ
tee
መገዲ
aas
kivi
እምኒ
matkaja
ኮብላሊ
puu
jõgi
ፈለግ
rohi
ሰዓሪ
lill
ዕንባባ

org

ስንጭሮ

mägi

ጎቦ

järv

ቀላይ

mets

ዱር

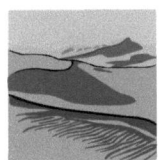

kõrb

ምድረ በዳ

vulkaan

እሳተ-ጎመራ

linnus

ግምቢ

vikerkaar

ቀስተ-ደመና

seen

ቃንጥሻ

palm

ዓርኮብኮባይ

sääsk

ጣንጡ

kärbes

ሃመማ

sipelgas

ጻጸ

mesilane

ንህቢ

ämblik

ሳሬት

mardikas

ሕንዚዝ

konn

ዕንቅርዖብ

orav

ምጽጺላይ

siil

ቅንፍዝ

jänes

ማንቲለ

öökull

ጉንጓ

lind

ጭሩ

luik

ስዋን

metssiga

መፍለስ

hirv

ዓጋዘን

põder

ሙስ

pais

ግድብ

tuuleturbiin

ተርባይን ንፋስ

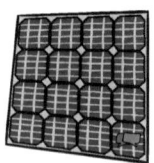

päikesepaneel

ሶላር ስርሓት

kliima

ኩነታት ኣየር

kelner
ኣሰላፊ
menüü
ካርታ
መግብታት
tool
መንበር
supp
መረቕ
pitsa
ፒትሳ
söögiriistad
መመታተሪ
laudlina
ክዳን ጣውላ

eelroog
ቅድመ ቀንዲ መግቢ

pearoog
ቀንዲ መኣዲ

magustoit
ድሕረ መግቢ

joogid
መስተ

toit
መግቢ

pudel
ጥርሙዝ

kiirtoit

ስሉጥ መግቢ

tänavatoit

መግቢ ጽርግያ

teekann

ብርጭቆ ሻሂ

suhkrutoos

ታኒካ ሽኮር

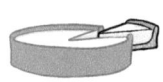

portsjon

ክፋል

espressomasin

ማሺን ኤስፕረሶ

lastetool

ነዊሕ መንበር

arve

ጸብጻብ

kandik

ታብለት

nuga

ካራ

kahvel

ፋርኪታ

lusikas

ማንካ

teelusikas

ማንካ ሻሂ

salvrätik

ሰርቭየተ

klaas

ብኬሪ

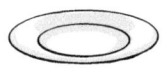

taldrik

....

ሽሓኒ

supitaldrik

....

ሽሓኒ መረቕ

alustass

....

ትሕቲ ኩባያ

kaste

....

ጸብሒ

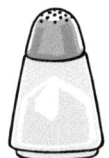

soolatoos

....

ወሃቢ ጨው

pipraveski

....

መጥሓን በርበረ

äädikas

....

ኣቸቶ

õli

....

ዘይቲ

vürtsid

....

ቀመም

ketšup

....

ከቹፕ

sinep

....

ኣድሪ

majonees

....

ማዮኒዝ

supermarket

ሱፐርማርክት

eripakkumine
ወፈያ
FOR
klient
ዓሚል
piimatooted
ፍርያታት ጸባ
puuviljad
ፍረታት
ostukäru
ሰረገላ ዱኳን

lihapood

እንዳ ስጋ

pagariäri

እንዳ ባኒ

kaaluma

ክብደት

köögiviljad

ኣሕምልቲ

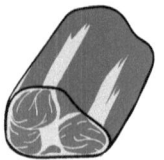

liha

ስጋ

külmutatud toit

መግቢ ፍሪጅ በረድ

lihalõigud

....

ዝሑል ቅሩብ መግቢ

konservid

....

እስቃጥላ

pesupulber

....

ኦሞ

maiustused

....

ምቁር መግቢ

majatarbed

....

ዘቤታውያን ኣቕሑ

puhastustooted

....

ናውቲ መጸረዩ

müüja

....

ሸቃጣይ

kassaaparaat

....

ካሳ

kassapidaja

....

ተሓዝ ገንዘብ

ostunimekiri

....

ዝርዝር ምግዛእ

lahtiolekuajad

....

ክፋት ሰዓታት

rahakott

....

ማሕፉዳ

krediitkaart

....

ክረዲት ካርድ

kott

....

ሳንጣ

kilekott

....

ፌስታል

joogid

መስተ

vesi

ማይ

mahl

ጽማቕ

piim

ጸባ

koola

ኮላ

vein

ነቢት

õlu

ቢራ

alkohol

ኣልኮል

kakao

ካካው

tee

ሻሂ

kohv

ቡን

espresso

ኤስፕረሶ

cappuccino

ካፑቺኖ

toit

መግቢ

banaan

ባናና

õun

ቱፋሕ

apelsin

ኣራንሺ

arbuus

ብርጭቕ

sidrun

ለሚን

porgand

ካሮት

küüslauk

ጻዕዳ ሽጉርቲ

bambus

ባምቡስ

sibul

ሽጉርቲ

seen

ቅንጥሻ

pähklid

ፉል

nuudlid

ፓስታ

spagetid

ስፓገቲ

riis

ሩዝ

salat

ሰላጣ

friikartulid

ቅልዋ ድንሽ

praekartulid

ቅሉው ድንሽ

pitsa

ፒትሳ

hamburger

ሃምቡርገር

võileib

ፓኒኖ

šnitsel

ቢስተካ

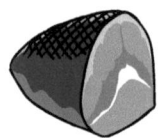

sink

ሰለፍ ሓሰማ

salaami

ሳላሚ

vorst

ግዕዝም

kana

ደርሆ

praeliha

ቀለወ

kala

ዓሳ

kaerahelbed

ገዓት

müsli

ሙስሊ

maisihelbed

ኮርንፍለይክስ

jahu

ሓርጭ

sarvesai

ክሮሶን

kukkel

ባኒ

leib

ባኒ

röstsai

ቶስት

küpsised

ብሽኮቲ

või

ጠስሚ

kohupiim

ርግኦ

kook

ፓስተ

muna

እንቋቍሖ

praemuna

ቅሉው እንቋቍሖ

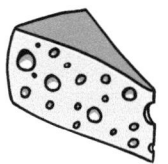

juust

ፋርማጆ

jäätis

አይስ ክሪም

suhkur

ሽኮር

mesi

መዓር

moos

ጀም

pähklivõie

ኑጋት-ክሪም

karri

ኩሪ

talu

ቤት ሕርሻ

laut
መኽዘን
heinapall
ሓሰር ቦንዳ
põld
ግራት
hobune
ፈረስ
järelkäru
ተስሓቢ
traktor
ትራክተር
varss
eesel
lammas
በጊዕ
lambatall
ዕየት

kits

ጤል

lehm

ብዕራይ

vasikas

ምራኽ

siga

ሓሰማ

põrsas

ውላድ ሓሰማ

pull

ኣርሓ

hani

ዓዓ

part

ማይ ደርሆ

tibu

ጫቖት

kana

ደርሆ

kukk

ኣርሓ ደርሆ

rott

ኣንጨዋ ዓባይ

kass

ድሙ

hiir

ኣንጭዋ

härg

ብዕራይ

koer

ከልቢ

koerakuut

ኣጉዶ ከልቢ

aiavoolik

ቱባ ጀርዲን

kastekann

መዝፈፊ ማይ

vikat

ዓቢ ማዕጺድ

ader

ማሕረሻ

sirp

ማዕጺድ

kõblas

ጭኽሮ

hang

መስአ

kirves

ፋስ

käru

ዓረብያ ኢድ

küna

ጋብላ

piimanõu

ብርጭቆ ጻባ

kott

ክሻ

tara

ሓጹር

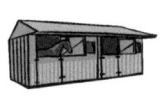

tall

መንሰስ

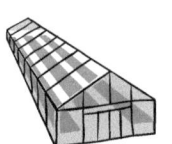

kasvuhoone

ቐጠልያ ገዛ

muld

ባይታ

seeme

ዘርኢ

väetis

ድኹዒ

kombain

ዘጣምር ቀውዓይ

saaki koristama

ቀውዐ

saagikoristus

ጻማ

jamss

ድንሽ ያም

nisu

ስርናይ

soja

ሶያ

kartul

ድንሽ

mais

ዕፉን

raps

ራፕስ

viljapuu

ገረብ ፍረታት

maniokk

ማኒኦክ

teravili

ኣእኻል

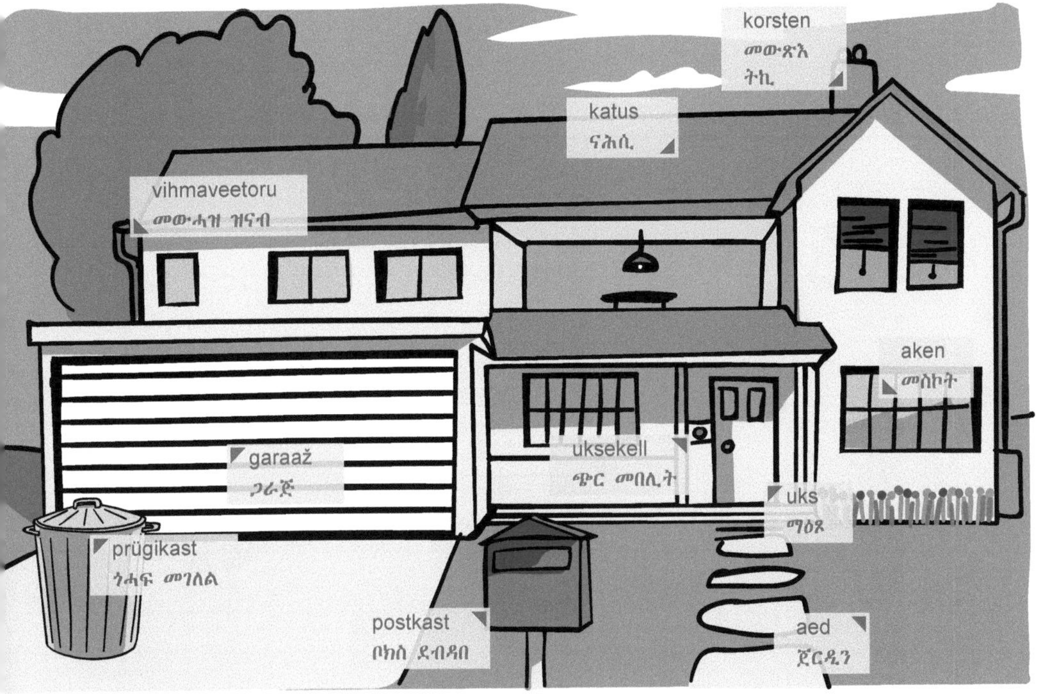

korsten
መውጽእ ትኪ

katus
ናሕሲ

vihmaveetoru
መውሓዝ ዝናብ

aken
መስኮት

garaaž
ጋራጅ

uksekell
ጭር መበሊት

uks
ማዕጾ

prügikast
ጎሓፍ መገለል

postkast
ቦክስ ደብዳበ

aed
ጀርዲን

elutuba

ክፍሊ ምቕማጥ

vannituba

ክፍሊ ባንዮ

köök

ክሽነ

magamistuba

ክፍሊ መደቀሲ

lastetuba

ክፍሊ ቆልዑ

söögituba

መመገቢ ክፍሊ

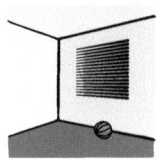

põrand

ባይታ

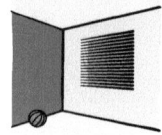

sein

መንደቕ

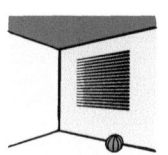

lagi

ከቦርታ

kelder

ካንቲና

saun

ሳውና

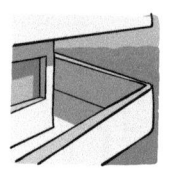

rõdu

ባልኮን

terrass

ዛላ

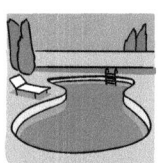

bassein

መሕምበሲ

muruniiduk

መቑረጺ ሳዕሪ

voodilina

ኣንሶላ ዓራት

päevatekk

ከቦርታ ዓራት

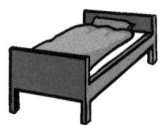

voodi

ዓራት

luud

መኽሶስተር

ämber

መገለል

lüliti

መወልዒት

elutuba
ክፍሊ ምቕማጥ

tapeet
ወረቐት መንደቕ
pilt
ስእሊ
lamp
ላምፓ
riiul
kapp
televiisor
ተለቪዥን
kamin
መውጽኢ ትኪ ኣብ ገዛ
lill
ዕንባባ
padi
መተርኣስ
diivan
ሳሎን
vaas
ባዞ
kaugjuhtimispult
ሪሞት

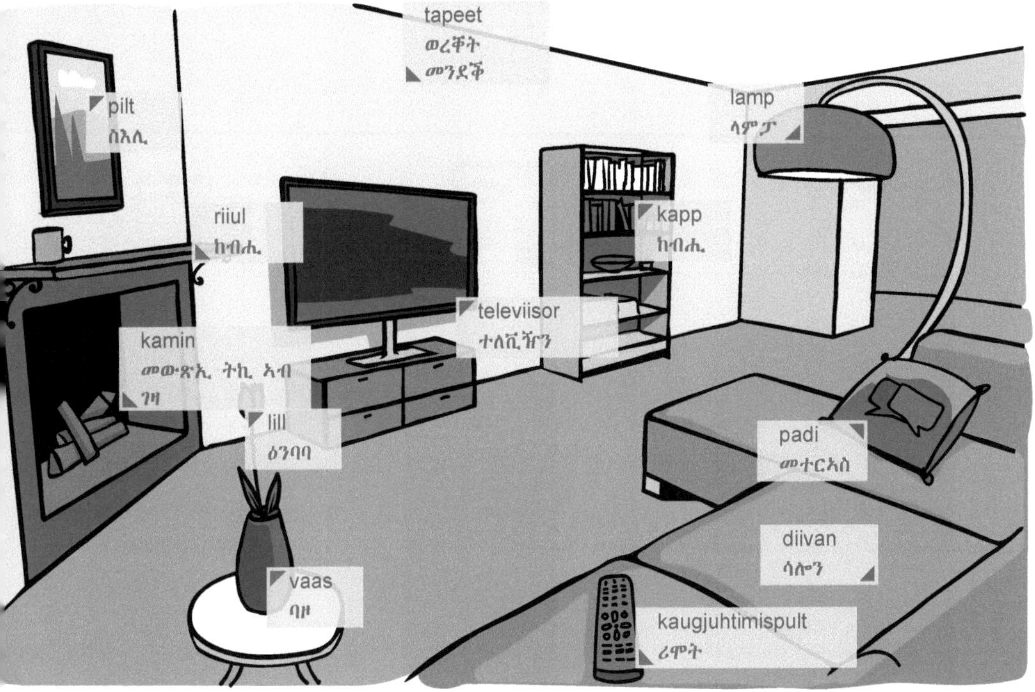

vaip

መንጸፍ

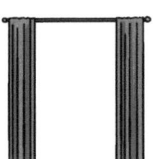

kardin

መጋረጃ

laud

ጣውላ

tool

መንበር

kiiktool

ሰለል ዝብል መንበር

tugitool

መንበር ምቹእ

raamat

መጽሓፍ

tekk

ከቦርታ

kaunistus

ስልማት

küttepuud

እንጨይቲ ሓዊ

film

ፊልም

helisüsteem

ስተረዮ

võti

መፍትሕ

ajaleht

ጋዜጣ

maal

ቕብኣ

plakat

ፖስተር

raadio

ረድዮ

märkmik

ጥራዝ

tolmuimeja

መልገሲ ደሮና

kaktus

በለስ

küünal

ሽምዓ

köök

ክሽነ

külmik
መዝሓሊ
mikrolaineahi
köögikaal
ሚዛን ክሽነ
röster
ቶስተር
pesuvahend
መጽረዪ
ahi
እቶን
sügavkülmik
መዝሓሊ በረድ
prügikast
ጎሓፍ መገለል
nõudepesumasin
መግቢ

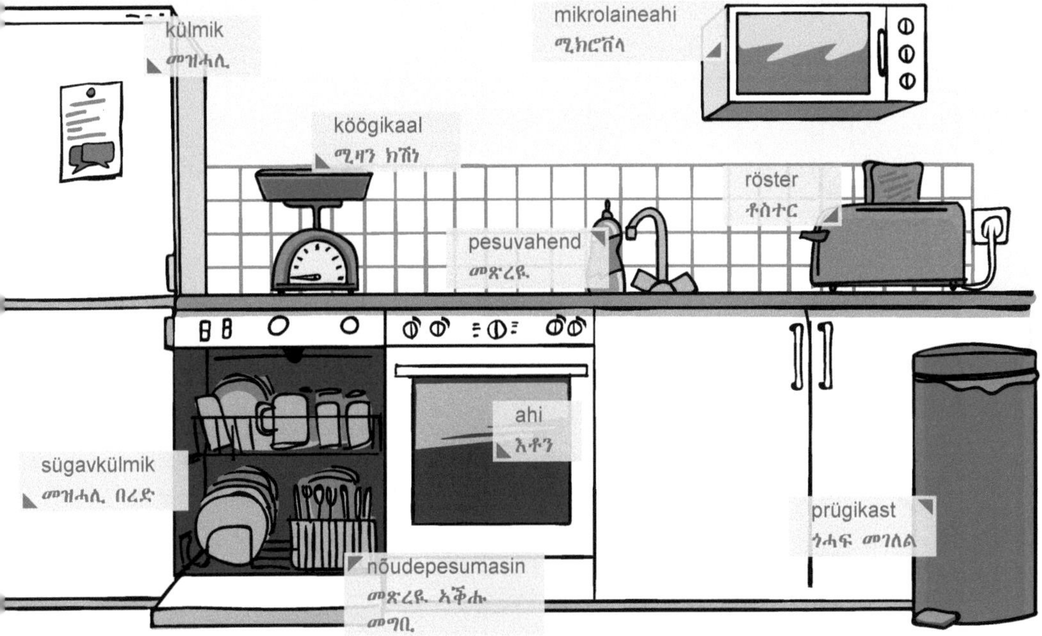

pliit

መኽሸኒ

pott

ድስቲ

malmpott

ድስቲ ሓጺን

vokkpann

ቮክ/ካዳይ

pann

ባደላ

veekeetja

መውዓዪ ማይ

aurutaja

....

መፍልሒ

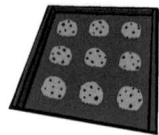

küpsetusplaat

....

ጓንቴራ ምስንካት

lauanõud

....

ኣቕሑ መግቢ

kruus

....

ብርጭቆ

kauss

....

ጭሓሎ

söögipulgad

....

ማንካቺና

kulp

....

ማንካ መረቕ

pannilabidas

....

መገልበጢ ባደላ

vispel

....

መኾስተር ውርጪ

kurn

....

መንፊት መግቢ

sõel

....

መንፊት

riiv

....

መፋሕፍሒ

uhmer

....

ሞርታር

grill

....

ባርቢክዩ

lahtine tuli

....

ስፍራ ሓዊ

lõikelaud

እንጨይቲ ምምታር

tainarull

እንጨይቲ ኰረር

korgitser

መኽፈት ቡሽ

konservipurk

ታኒካ

konserviavaja

መኽፈቲ ታኒካ

pajakinnas

ጨርቂ ድስቲ

kraanikauss

ቡምባ

hari

ኣስባስላ

pesukäsn

ሰፍነግ

kannmikser

ሓዋሲ ኣደባላቒ

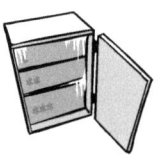

sügavkülmuti

መዝሓሊ በረድ

lutipudel

ጥርሙዝ ማማይ

segisti

ቡምባ ማይ

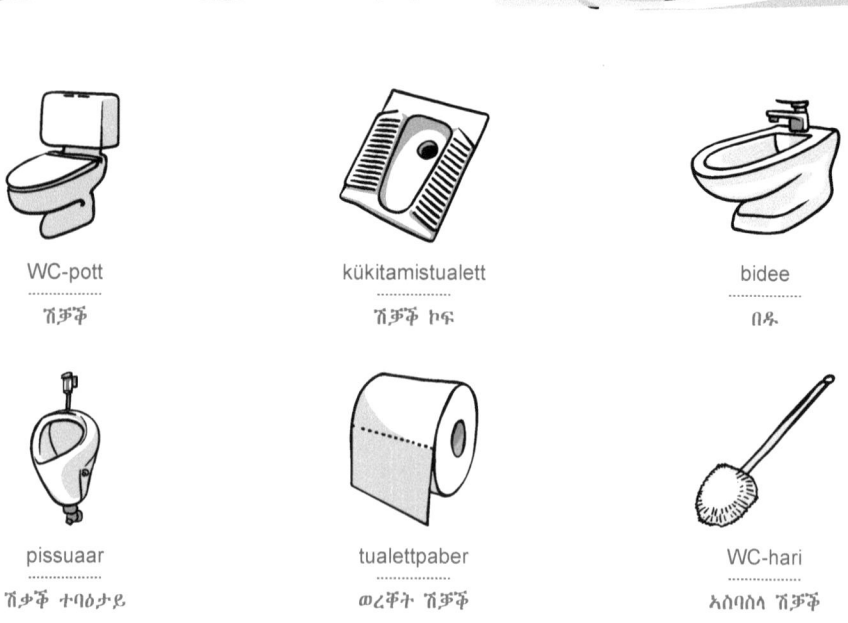

vannituba

ክፍሊ ባንዮ

küte
መውዓዪ
käterätik
dušš
መሕጸቢ ሻወር
dušikardin
ሻወር መጋረጃ
mullivann
vann
ባንዮ መሕጸቢ
klaas
ብኬሪ
pesumasin
segisti
ቡምባ ማይ
plaadid
ማቶነላ
pissipott
ድስቲ
kraanikauss
ቡምባ

WC-pott

ሽቓቕ

kükitamistualett

ሽቓቕ ኮፍ

bidee

በዱ

pissuaar

ሽቃቕ ተባዕታይ

tualettpaber

ወረቐት ሽቓቕ

WC-hari

ኣስባስላ ሽቓቕ

hambahari

ኣስባስላ ስኒ

hambapasta

ክሬማ ስኒ

hambaniit

ሃሪ ስኒ

pesema

ሓጸበ

käsidušš

ዱሽ ኢድ

intiimdušš

ዱሽ

pesukauss

ብርጭቆ ምሕጻብ

seljahari

ኣስባስላ ሕቖ

seep

ሳምና

dušigeel

ሻወር ጀል

šampoon

ሻምፑ

vamm

ጨርቂ መሕጸቢ

äravool

መውሓዚ

kreem

ክሬማ

deodorant

ደዮ ጨና

peegel

መስትያት

käsipeegel

ናይ ኢድ መስትያት

habemenuga

መላጸ

raseerimisvaht

ዓፍራ ምልጻይ

habemevesi

ጨና ድሕሪ ምልጻይ

kamm

መመሽጥ

hari

ኣስባስላ

föön

መንቐጺ ጸጉሪ

juukselakk

ስፕረይ ጸጉሪ

meigikomplekt

መመላኽዒ

huulepulk

ብርዒ ቀለም ከንፈር

küünelakk

ኣዝማልቶ

vatt

ጸምሪ ጡጥ

küünekäärid

መስደዲ ጽፍሪ

parfüüm

ጨና

tualett-tarvete kott

....

ሳንጣ መሕጸቢ

taburet

....

ድኳ

kaal

....

ሚዛን

hommikumantel

....

ክዳን መሕጸቢ

kummikindad

....

ጓንቲ መጸረዪ

tampoon

....

ታምፖን

hügieeniside

....

ጨርቂ ሰበይቲ

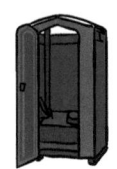

keemiline tualett

....

ሽቓቕ ከሚስትሪ

lastetuba

ክፍሊ ቆልዑ

äratuskell
ኣላርም መተስኢ
pehme mänguasi
መጻወቲ እንስሳ
mänguauto
መጻወቲ መኪና
kõristi
ኳሕኳሕ መበሊ
nukumaja
ቤት ባምቡላ
kingitus
ህያብ

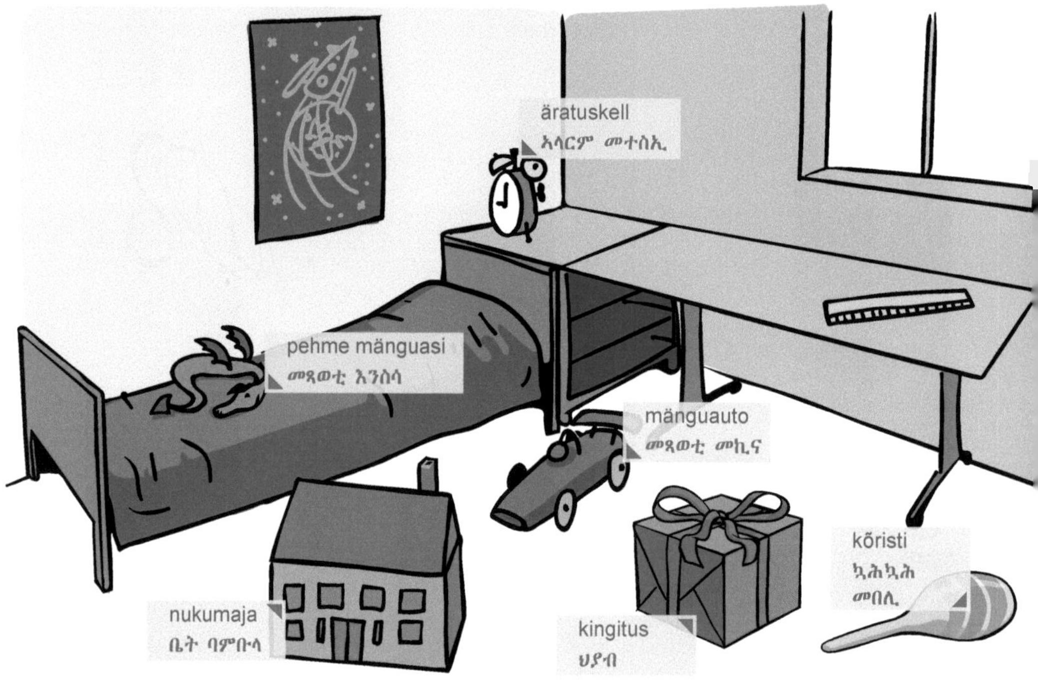

õhupall

ባላንችና

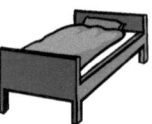

voodi

ዓራት

lapsevanker

ሰረገላ ህጻን

kaardipakk

ጻወታ ካርታ

pusle

ሕንቅሊተይ

koomiks

ኮሚዲ

Lego klotsid

እምንታት መጻወቲ ለጎ

klotsid

መጻወቲ እምንታት

kujuke

በዓል ኣክቾን

siputuspüksid

ክዳን ማማይ

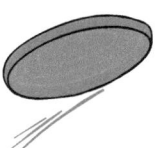

lendav taldrik

ፍሪስቢ

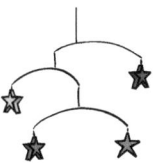

voodikarussell

ሞባይል ማማይ

lauamäng

ጸወታ ሰሌዳ

täringud

ኩቦ

mudelrong

ሞደል ባቡር ምድሪ

lutt

ዓባስ

pidu

ፓርቲ

pildiraamat

መጽሓፍ ስእሊ

pall

ኩዕሶ

nukk

ባምቡላ

mängima

ተጻወተ

liivakast

መጻወቲ ሑጻ

kiik

ሰላል

mänguasjad

መጻወቲታት

mängukonsool

ኮንሶል ቪድዮ

kolmerattaline jalgratas

መጻወቲ ሰለስተ መንኮርኮር

mängukaru

ተዲ

riidekapp

ከብሒ ክዳን

riietus

ክዳን

sokid

ካልስታት

sukad

ነዊሕ ካልስታት

sukkpüksid

ስረ ካልሲ

sall
ሻርባ

vihmavari
ጽላል

T-särk
ማልያ

vöö
ቁልፊ

saapad
ረፋዕ

sussid
ጫማ ገዛ

tossud
ስኒከርስ

sandaalid
ሸበጥ

jalatsid
ጫማ

kummikud
ረፋዕ ጎማ

aluspüksid
ሙታንታ

rinnahoidja
ክዳን ጡብ

vest
ትሕተ ካሚቻ

riietus - ክዳን   45

bodi

ቦዲ

püksid

ስረ

teksapüksid

ጂንስ

seelik

ቀምሽ

pluus

ካምቻ

särk

ካሚቻ

sviiter

ጉልፎ

dressipluus

ጎልፎ

bleiser

ጃኬት

jakk

ጃከት

mantel

ጁባ

vihmamantel

ክዳን ዝናብ

kostüüm

ኮስቱም

kleit

ቀምሽ

pulmakleit

ቀምሽ መርዓ

ülikond

ልብሲ

öösärk

ካሚቻ ለይቲ

pidžaama

ክዳን ለይቲ

sari

ሳሪ

pearätt

መሃረብ ርእሲ

turban

ቱርባን

burka

ቡርካ

kaftan

ካፍታን

abayah

ኣባያ

ujumistrikoo

ክዳን መሕምበሲ

ujumispüksid

ስረ መሕምበሲ

lühikesed püksid

ሓጺር ስረ

dressid

ክዳን ታዕሊም

põll

በጃ ክዳን

kindad

ጓንቲ

nööp

መልጎም

prillid

መነጽር

käevõru

በንናጅር

kaelakee

ማዕተብ

sõrmus

ቀለበት

kõrvarõngas

ኩትሻ

nokamüts

ቆብዕ

riidepuu

መንበሪ ጁባ

kaabu

ባርነጣ

lips

ካርራቫት

tõmblukk

ሻርነጣ

kiiver

ሀልመት

traksid

መድልደል ስረ

koolivorm

ድቢዛ ቤትትምህርቲ

vormirõivad

ድቢዛ

pudipõll

ሰደርያ ቆልዓ

lutt

ዓባስ

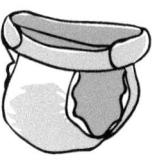

mähe

ጨርቂ ማማይ

kontor

ቤት ጽሕፈት

server
ሰርቨር
arhiivikapp
ከብሒ ሰነድ
printer
ፕሪንተር
paber
ወረቐት
monitor
ሞኒቶር
hiir
kirjutuslaud
ጣውላ ምጽሓፍ
kaust
klaviatuur
ኪቦርድ
paberikorv
ጎሓፍ ወረቐት
arvuti
ኮምፒተር
tool
መንበር

kohvikruus

ብርጭቆ ቡን

kalkulaator

ካልኩለተር

internet

ኢንተርነት

sülearvuti

ለፕቶፕ

kiri

ደብዳበ

sõnum

መልእኽቲ

mobiiltelefon

ሞባይል

võrk

ነትወርክ/መርበብ

koopiamasin

መቅድሒ ፎቶኮፒ

tarkvara

ሶፍትዌር

telefon

ተለፎን

pistikupesa

ሶከት ኳረንቲ

faksimasin

ፋክስ

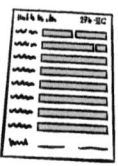

vorm

ፎርም

dokument

ሰነድ

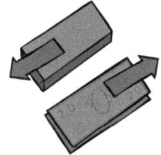

ostma
....
ገዝአ

maksma
....
ከፈለ

vahetama
....
ንግዲ

raha
....
ገንዘብ

dollar
....
ዶላር

euro
....
ኦይሮ

jeen
....
የን

rubla
....
ሩብል

Šveitsi frank
....
ስዊዝ ፍራንክን

renminbi jüaan
....
ረንሚንቢ ዩዋን

ruupia
....
ሩፒየ

sularahaautomaat
....
መውጽኢ ማሺን ገንዘብ

valuutavahetuspunkt

ቦታ ቅያር ገንዘብ

kuld

ወርቂ

hõbe

ብሩር

nafta

ዘይቲ

energia

ሓይሊ

hind

ዋጋ

leping

ውዕል

maks

ቀረጽ

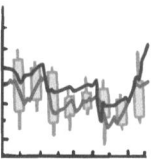

aktsia

እኩብ ጥረ-ነገራት

töötama

ሰርሐ

töötaja

ሰራሕተኛ

tööandja

ኣስራሒ

tehas

ትካል

kauplus

ዱኳን

ametid

ሞያታት

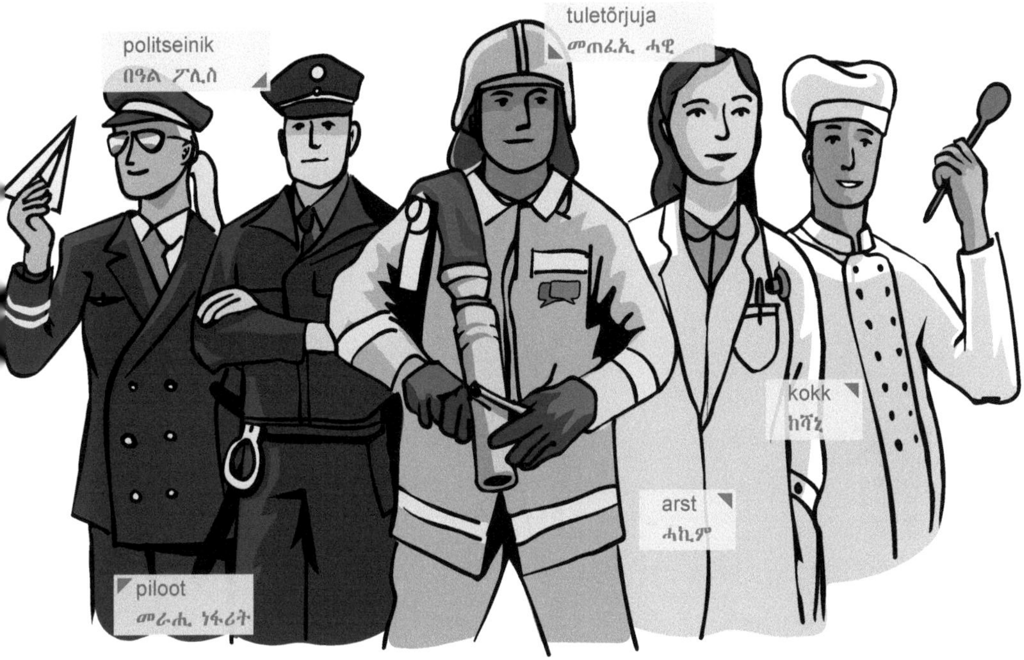
politseinik
በዓል ፖሊስ
tuletõrjuja
መጠፈኢ ሓዊ
kokk
ከሻኒ
arst
ሓኪም
piloot
መራሒ ነፋሪት

aednik

ሰራሕትኛ ጀርዲን

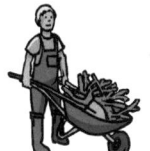

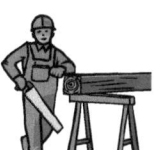

puusepp

ጸራቢ ዕንጸይቲ

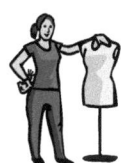

õmbleja

ሰፋይት

kohtunik

ፈራዳይ

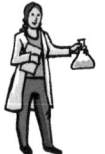

keemik

ቀማሚ

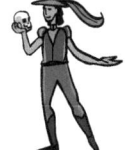

näitleja

ተዋሳኢ

bussijuht

መራሒ ኣዉቶቡስ

taksojuht

ኣውቲስታ ታክሲ

kalamees

ገፋፊ ዓሳ

koristaja

ጸራጊት

katusepaigaldaja

ሃናጻይ ናሕሲ

kelner

ኣሰላፊ

jahimees

ሃዳናይ

maaler

ሰኣላይ

pagar

እንዳ ሕብስቲ

elektrik

ኤለትሪከኛ

ehitaja

ሃናጺ ኣባይቲ

insener

ሃንዳሲ

lihunik

ሰራሕተኛ እንዳ ስጋ

torumees

ድራብሊኮ

postiljon

ኣማላላሲ ፖስጣ

sõdur

ወተሃደር

arhitekt

መሃንድስ

kassapidaja

ተሓዝ ገንዘብ

lillemüüja

ሰራሕተኛ ዕምባባ

juuksur

ቀምቃማይ

piletikontrolör

ፈተሪኖ

mehaanik

መካኒክ

kapten

መራሒ መርከብ

hambaarst

ሓኪም ስኒ

teadlane

ተመራማሪ

rabi

ራቢ

imaam

ኢማም

munk

ፈላሲ

preester

ቀሺ

töörriistad

ናውቲ

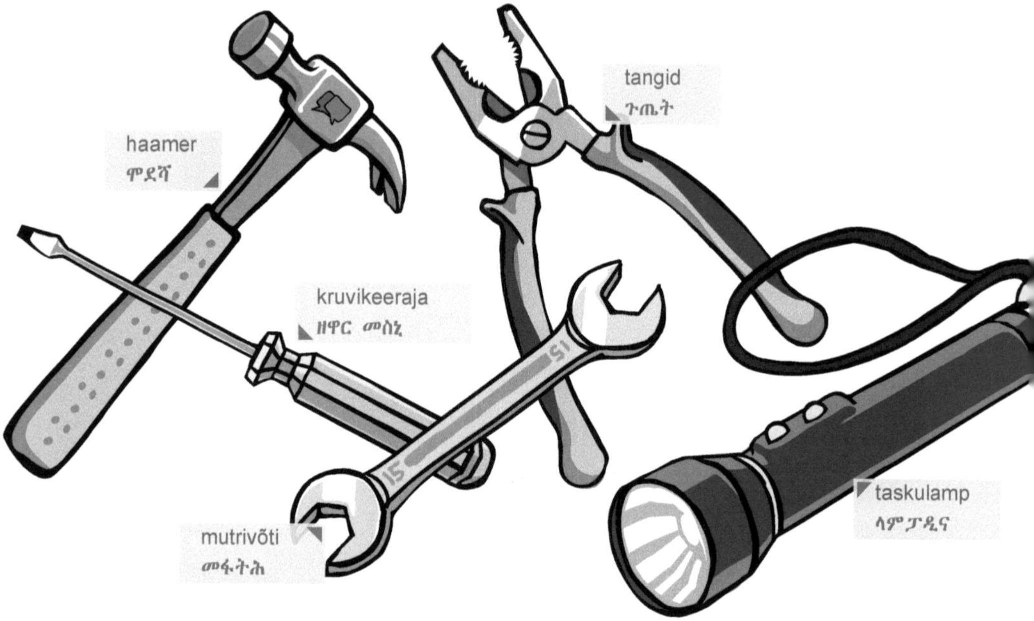

haamer
ሞደሻ
tangid
ጉጤት
kruvikeeraja
ዘዋር መስኒ
mutrivõti
taskulamp
ላምፓዲና

ekskavaator

ፈሓሪ

tööriistakast

ናውቲ ቦክስ

redel

መደያይቦ

saag

መጋዝ

naelad

መስማር

trell

ኮዓቲ

parandama

ምዕራይ

labidas

ባደላ

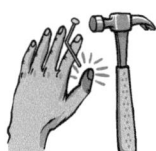

Põrgusse!

ኣይ!

kühvel

መትሓዚ ዶሮና

värvipott

ድስቲ ቀለም

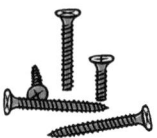

kruvid

ካቻቢተ

pillid

መሳርሒ ሙዚቃ

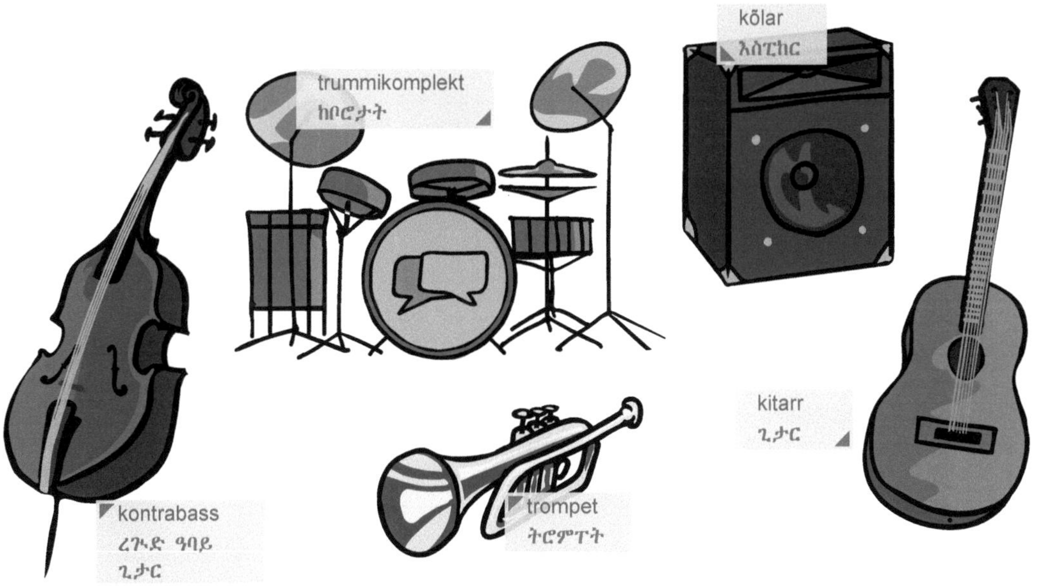

trummikomplekt

ከበሮታት

kõlar

እስፒከር

kontrabass

ረጕድ ዓባይ

ጊታር

trompet

ትሮምፐት

kitarr

ጊታር

klaver

ፒያኖ

viiul

ቪዮሊን

bass

ባስ ጊታር

timpan

ቲምንኢ

trummid

ከቦሮ

süntesaator

ኦርጋን

saksofon

ሳክሶፎን

flööt

ሻምብቆ

mikrofon

ሚክሮፎን

loomaaed

መካነ እንስሳታት

tiiger
puur
ጎብያ
sebra
አድጊ በረኻ
loomasööt
መግቢ እንስሳ
panda
ፓንዳ
sissepääs
መእተዊ

loomad

እንስሳታት

elevant

ሓርማዝ

känguru

ካንጋሩ

ninasarvik

ሓሪሽ

gorilla

ጉሪላ

karu

ድቢ

kaamel

ገመል

jaanalind

ሰገን

lõvi

ኣንበሳ

ahv

ህበይ

flamingo

ፍላሚንጎ

papagoi

ሕንጻይ

jääkaru

ድቢ በረድ

pingviin

ፐንጉን

hai

ክልቢ ዓሳ

paabulind

ጣውስ

madu

ተመን

krokodill

ሓርገጽ

loomaaiatalitaja

ሓላዊ ቤት ገርድሽ

hüljes

ዓሳ ዚምገብ እንስሳ ባሕሪ

jaaguar

ጃጓር

poni

ሓጺር ፈረስ

leopard

ነብሪ

jõehobu

ጉማረ

kaelkirjak

ጂራፍ

kotkas

ሊላ

metssiga

መፍለስ

kala

ዓሳ

kilpkonn

ጎብየ

morsk

ዋልሩስ

rebane

ወኻርያ

gasell

ሰስሓ

sport

ስፖርት

Ameerika jalgpall
ናይ ኣሜሪካ ኩዕሶ እግሪ
jalgrattasõit
ምዝዋር ብሽግለታ
tennis
korvpall
ባስከትባል
ujumine
ምሕምባስ
poksimine
ቦክሲንግ
jäähoki
ሆኪ በረድ

jalgpall

ኩዕሶ እግሪ

sulgpall

ባድሚንቶን

kergejõustik

እስፖርታዊ ንጥፈታት

käsipall

ኩዕሶ ኢድ

suusatamine

ስኪ

polo

ፖሎ

naerma ሰሐቐ

hüppama ነጠረ

kallistama ሐቆፈ

jalutama ኪደ

laulma ደረፈ

unistama ሐለመ

palvetama ጸለየ

suudlema ሰዓመ

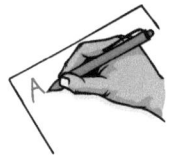

kirjutama

ጸሐፈ

joonistama

ሰኣለ

näitama

ኣርኣየ

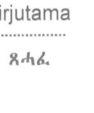

lükkama

ደፍአ

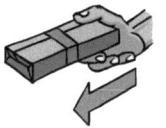

andma

ሃበ

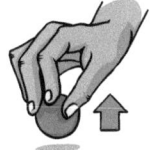

võtma

ወሰደ

omama

አለወ

tegema

ገበረ

olema

ኮነ

seisma

ጠጠው በለ

jooksma

ጎየየ

tõmbama

ሰሓበ

viskama

ሰንደወ

kukkuma

ወደቐ

lamama

ሓሰወ

ootama

ተጸበየ

kandma

ሰከም

istuma

ኮፍ በለ

riidesse panema

ተኸድነ

magama

ደቀሰ

ärkama

ተስአ

vaatama
....
ረኣየ

nutma
....
በኸየ

paitama
....
ብኣጻብዑ ደረዘ

kammima
....
መሸጠ

rääkima
....
ተዛረበ

aru saama
....
ተረድአ

küsima
....
ሓተተ

kuulama
....
ሰምዐ

jooma
....
ሰተየ

sööma
....
በልዐ

korrastama
....
ኣቐመጠ

armastama
....
ኣፍቀረ

süüa tegema
....
ከሸነ

sõitma
....
ዘወረ

lendama
....
ነፈረ

purjetama

ብመርከብ ገየሸ

arvutama

ደመረ

lugema

ኣንበበ

õppima

ተመሃረ

töötama

ሰርሐ

abielluma

መርዓወ

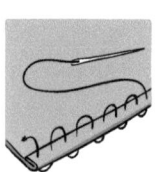

õmblema

ሰፈየ

hambaid pesema

ጽሬት ኣስናን

tapma

ቀተለ

suitsetama

ሽጋራ ተከኸ

saatma

ሰደደ

vanaema / ዓባየ

vanaisa / አቦሓጎ

isa / አቦ

ema / እደ

imik / ማማይ

tütar / ጓል

poeg / ወዲ

külaline

ጋሻ

tädi

ሓትኖ

onu

አኮ

vend

ሓው

õde

ሓፍቲ

keha

ኣካላት

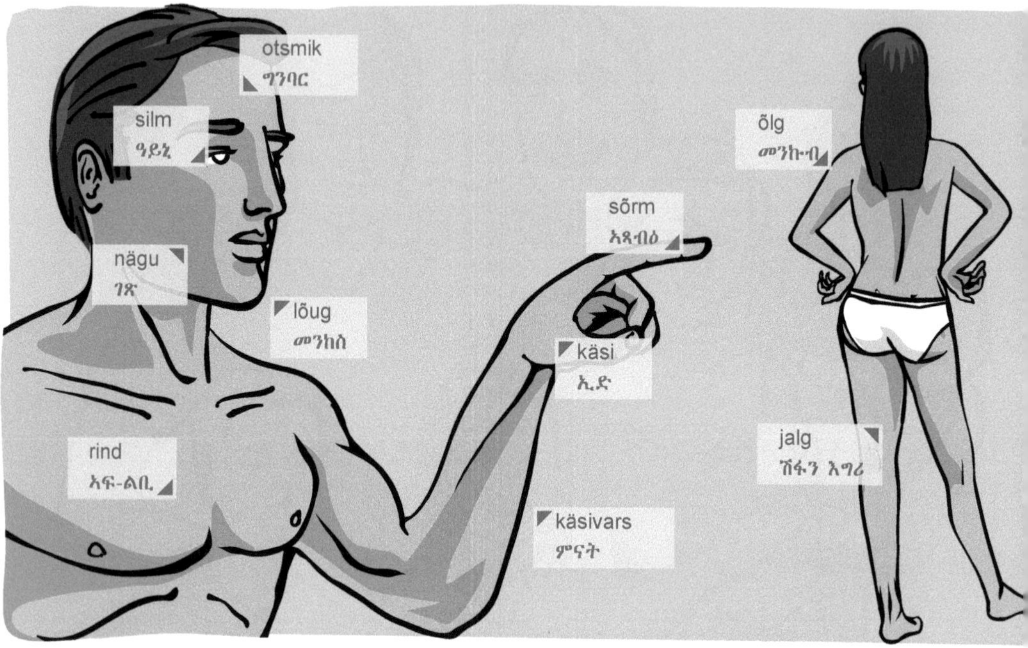

otsmik
ግንባር
silm
ዓይኒ
õlg
መንኩብ
sõrm
nägu
ገጽ
lõug
መንከስ
käsi
ኢድ
rind
jalg
ሽፋን እግሪ
käsivars
ምናት

imik

ማማይ

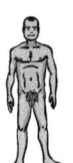

mees

ሰብኣይ

naine

ሰበይቲ

tüdruk

ጓል

poiss

ወዲ

pea

ርእሲ

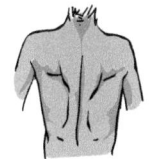

selg

ሕቖ

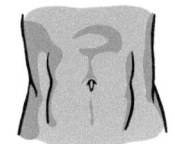

kõht

ከስዐ

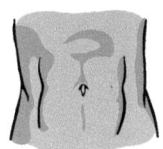

naba

ሕምብርቲ

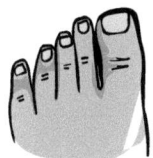

varvas

ኣጻብዕ እግሪ

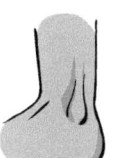

kand

ኩርኹረ

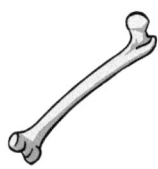

luu

ዓጽሚ

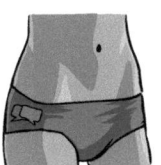

puus

ምሕኵልቲ

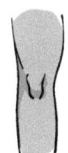

põlv

ብርኪ

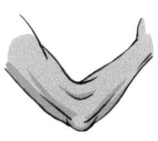

küünarnukk

ፎግፎ

nina

ኣፍንጫ

tagumik

መዓኮር

nahk

ቆርበት

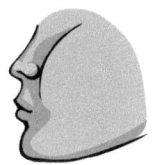

põsk

ምዕጉርቲ

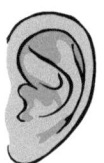

kõrv

እዝኒ

huuled

ከንፈር

suu
....
ኣፍ

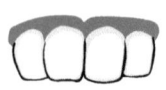

hammas
....
ስኒ

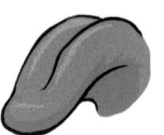

keel
....
መልሓስ

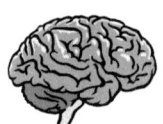

aju
....
ሓንጎል

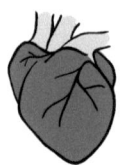

süda
....
ልቢ

lihas
....
ጭዋዳ

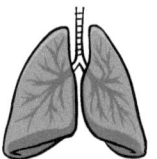

kops
....
ሳንቡእ

maks
....
ጸላም ከብዲ

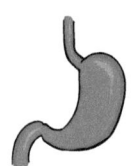

magu
....
ከብዲ

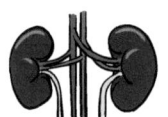

neerud
....
ኵሊት

seksuaalvahekord
....
ግብረ ስጋ

kondoom
....
ኮንዶም

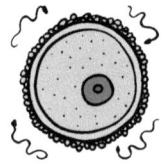

munarakk
....
እንቋቑሖ

sperma
....
ዘርኢ ተባዕታይ

rasedus
....
ጥንሲ

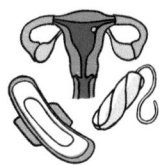

menstruatsioon

ጽግያት

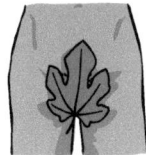

vagiina

ርሕሚ

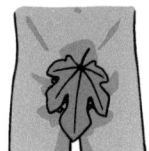

peenis

መትሎ

kulm

ሽፋሽፍቲ

juuksed

ጸግሪ

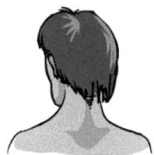

kael

ክሳድ

haigla

ሆስፒታል

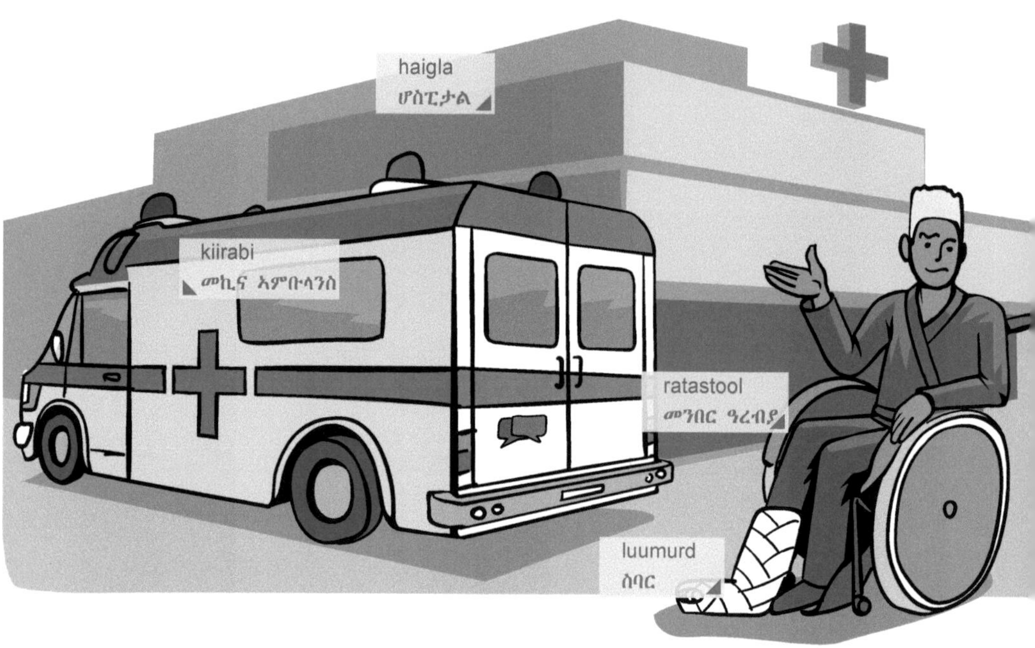

kiirabi
መኪና ኣምቡላንስ
ratastool
መንበር ዓረብያ
luumurd
ስባር

arst

ሓኪም

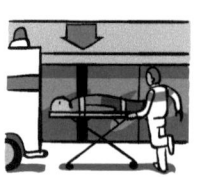

traumapunkt

ክፍሊ ህጹጽ ረድኤት

meditsiiniõde

ኣላይት

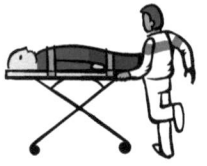

hädaolukord

ህጹጽ ኩነት

teadvuseta

ውነኡ ዘጥፍአ

valu

ቃንዛ

vigastus

ጉድኣት

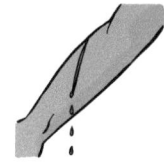

verejooks

ደም

südamerabandus

ማህረምቲ

insult

ማህረምቲ

allergia

ኣለርጂ

köha

ሰዓል

palavik

ረስኒ

gripp

ኢንፍልወንዛ

kõhulahtisus

ውጽኣት

peavalu

ቃንዛ ርእሲ

vähk

መንሸሮ

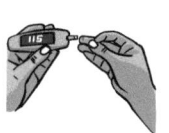

diabeet

ሹኮርያ

kirurg

ሓኪም መጥባሕቲ

skalpell

መጥብሒ

operatsioon

መጥባሕቲ

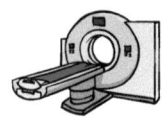

KT

CT

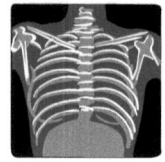

röntgen

ራጂ

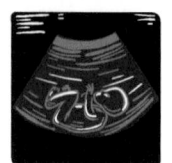

ultraheli

ልዕለ ድምጻዊ

mask

መሸፈኒ ገጽ

haigus

ሕማም

ooteruum

ክፍሊ ምጽባይ

kark

ምርኩስ

kips

መጀነኒ ቁስሊ

side

መጀነኒ

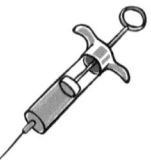

süst

መርፍዕ ምውጋእ

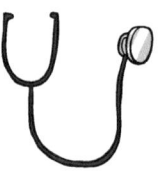

stetoskoop

ስተቶስኮፕ

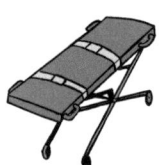

kanderaam

መሰከሚ ሕማም

kraadiklaas

ቴርሞመተር

sünd

ትውልዲ

ülekaaluline

ልዕለ-ሚዛን

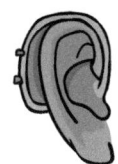

kuuldeaparaat

ሓገዝ ምስማዕ

desinfektsioonivahend

ኣንጻሂ

põletik

ልበዳ

viirus

ቫይረስ

HIV / AIDS

ኤድስ

meditsiin

ሕክምና

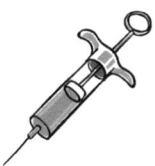

vaktsineerimine

ክታበ

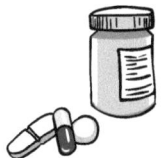

tabletid

ከኒና

pill

ከኒና

hädaabikõne

ህጹጽ ምድዋል

vererõhuaparaat

መዕቀኒ ጸቕጢ ደም

haige / terve

ሕሙም / ጥዑይ

hädaolukord

ህጹጽ ኩነት

Appi!

ሓገዝ

häire

ኣላርም

kallaletung

ምህጃም

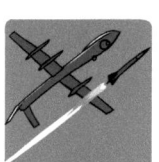

rünnak

መጥቃዕቲ

oht

ድንገት

avariiväljapääs

ህጹጽ መውጽኢ

Tulekahju!

ሓዊ!

tulekustuti

መጥፍኢ ሓዊ

õnnetus

ሓደጋ

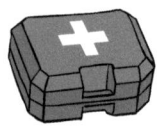

esmaabikomplekt

ሳንጣ ቀዳማይ ረድኤት

SOS

SOS

politsei

ፖሊስ

Euroopa

ኤውሮጳ

Põhja-Ameerika

ሰሜን ኣመሪካ

Lõuna-Ameerika

ደቡብ ኣመሪካ

Aafrika

ኣፍሪቃ

Aasia

ኤስያ

Austraalia

ኣውስትራልያ

Atlandi ookean

ኣትላንቲክ

Vaikne ookean

ፓሲፊክ

India ookean

ህንዳዊ ዉቕያኖስ

Lõuna-Jäämeri

ኣንታርቲካዊ ዉቕያኖስ

Põhja-Jäämeri

ኣርክቲካዊ ዉቕያኖስ

põhjapoolus

ሰሜናዊ ዋልታ

lõunapoolus

ደቡባዊ ዋልታ

Antarktika

ኣንታርቲካ

Maa

ምድሪ

maismaa

መሬት

meri

ባሕሪ

saar

ደሴት

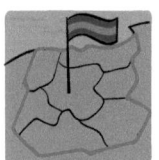

rahvus

ሃገር

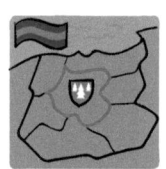

riik

ዓዲ

kell
ሰዓት

sihverplaat

ገጽ ሰዓት

tunniosuti

ኣመልካቲ ሰዓታት

minutiosuti

ኣመልካቲ ደቓይቕ

sekundiosuti

ኣመልካቲ ካልኢት

Mis kell on?

ሰዓት ክንደይ ኣሎ?

päev

መዓልቲ

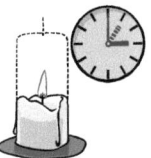

aeg

ግዜ

praegu

ሕጂ

digitaalne kell

ዲጂታል ሰዓት

minut

ደቒቕ

tund

ሰዓት

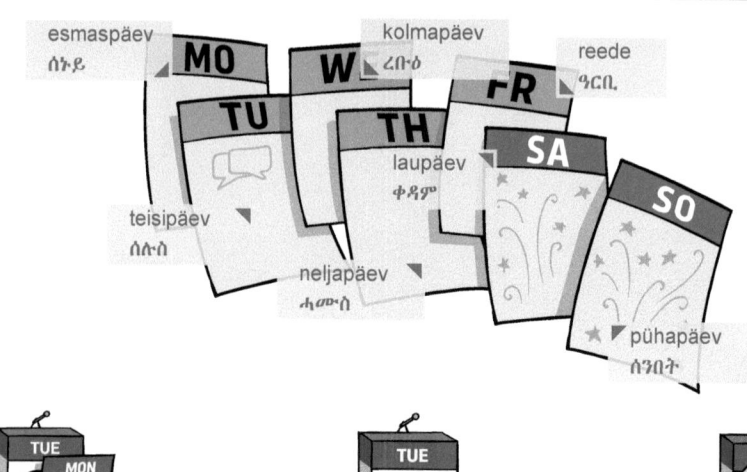

nädal

ሰሙን

esmaspäev
ሰኑይ
MO
kolmapäev
ረቡዕ
reede
ዓርቢ
FR
TU
TH
laupäev
ቀዳም
SA
teisipäev
ሰሉስ
SO
neljapäev
ሓሙስ
pühapäev
ሰንበት

eile

ትማሊ

täna

ሎሚ

homme

ጽባሕ

hommik

ንጉሆ

lõuna

ቀትሪ

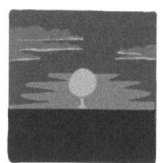

õhtu

ምሸት

tööpäevad

መዓልታት ስራሕ

nädalavahetus

መወዳእታ ሰሙን

aasta
ዓመት

vihm
ዝናብ
vikerkaar
ቀስተ-ደመና
lumi
በረድ
tuul
ንፋስ
kevad
ጽድያ
sügis
ቀውዒ
suvi
ሓጋይ
talv
ክረምቲ

4.APRIL 11°
5.APRIL 4°
6.APRIL 13°
7.APRIL 8°
8.APRIL 10°

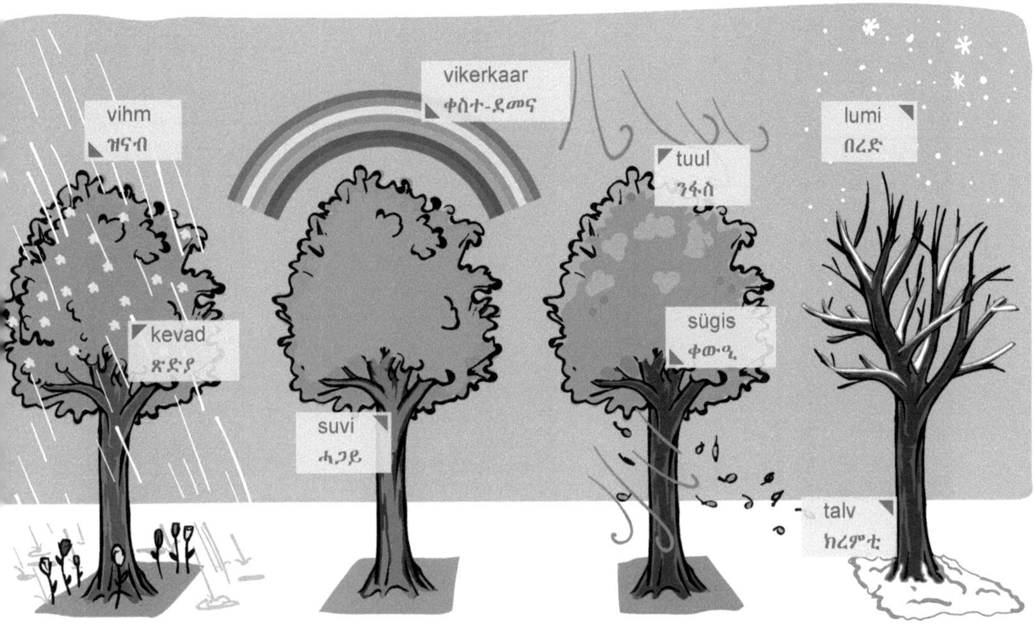

ilmaennustus
....
ትንቢት ኩነታት ኣየር

F C
120 40
90 30
60 20
30 10
0 0
-30 -10
-20

termomeeter
....
ቴርሞመተር

päikesepaiste
....
ብርሃን ጸሓይ

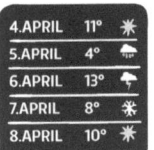

pilv
....
ደበና

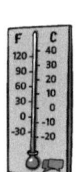

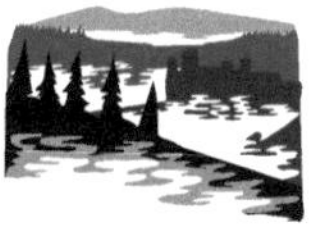

udu
....
ግመ

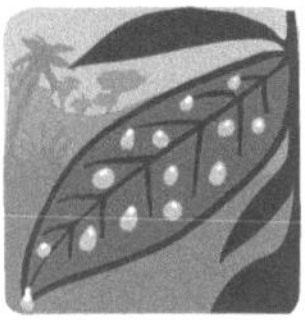

niiskus
....
ጠሊ

pikne

ብርቂ

kõu

ነጎዳ

torm

ህቦብላ

rahe

በረድ

mussoon

ብርቱዕ ህቦብላ

üleujutus

ውሕጅ

jää

በረድ

jaanuar

ጥሪ

veebruar

ለካቲት

märts

መጋቢት

aprill

ሚያዝያ

mai

ጉንበት

juuni

ሰነ

juuli

ሓምለ

august

ነሓሰ

september

መስከረም

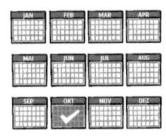

oktoober

ጥቅምቲ

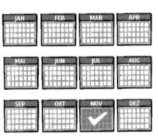

november

ሕዳር

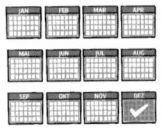

detsember

ታሕሳስ

kujundid

ቅርጻታት

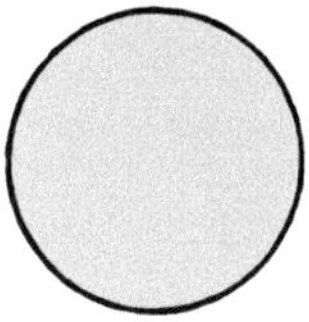

ring

ዙርያ

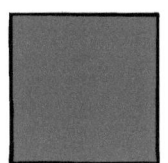

ruut

ትርብዒት

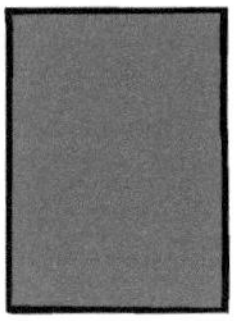

nelinurk

ቅኑዕ ርቡዕ ኩርናዕ

kolmnurk

ስሉስ ኩርናዕ

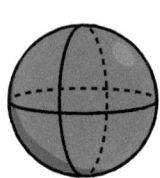

kera

ክቢ

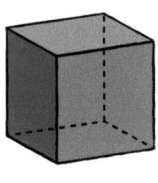

kuup

ኩቦ

värvid

ሕብርታት

valge

ጻዕዳ

kollane

ብጫ

oranž

ኣራንሺ

roosa

ፒንክ

punane

ቀይሕ

lilla

ጁኸ

sinine

ሰማያዊ

roheline

ቀጠልያ

pruun

ቡናዊ

hall

ሓሙኽሽታይ

must

ጸሊም

vastandid

ኣንጻራት

palju / vähe

....

ብዙሕ / ውሑድ

vihane / rahulik

....

ሕሩቕ / ሰላማዊ

ilus / inetu

....

ጽቡቕ / ክፉእ

algus / lõpp

....

መጀመርያ / መወዳእታ

suur / väike

....

ዓቢ / ንእሽቶ

hele / tume

....

ብሩህ / ጸልማት

vend / õde

....

ሓው / ሓፍቲ

puhas / must

....

ጽሩይ / ርሳሕ

täielik / puudulik

....

ምሉእ / ዘይምሉእ

päev / öö

....

መዓልቲ / ለይቲ

surnud / elus

....

ሙዉት / ህልው

lai / kitsas

....

ሰፊሕ / ጸቢብ

söödav / mittesöödav

ደስ ዘበል / ደስ ዘይብል

kuri / sõbralik

እኩይ / ህያዋይ

põnevil / tüdinud

ርቡጽ / ስልኩይ

paks / peenike

ረጊድ / ቀጢን

esimene / viimane

ቀዳማይ / ናይ መወዳእታ

sõber / vaenlane

ዓርኪ / ጸላኢ

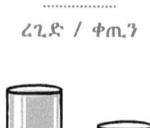

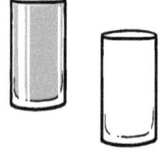

täis / tühi

ምሉእ / ባዶ

kõva / pehme

ተሪር / ልስሉስ

raske / kerge

ከቢድ / ፈኩስ

nälg / janu

ጥምየት / ጽምየት

haige / terve

ሕሙም / ጥዑይ

ebaseaduslik / seaduslik

ዘይሕጋዊ / ሕጋዊ

tark / rumal

መስተውዓሊ / ስዲ

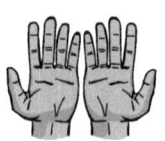

vasak / parem

ጸጋም / የማን

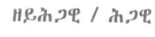

lähedal / kaugel

ቐረባ / ርሑቕ

uus / kasutatud

....

ሓዲሽ / ብሉይ

mitte midagi / midagi

....

ዋላ ሓደ / ገለ

vana / noor

....

ዓቢ/አረጊት / መንእሰይ

sees / väljas

....

ወልዕ / ኣጥፍእ

lahti / kinni

....

ክፉት / ዕጹው

vaikne / vali

....

ህዱእ / ዓው

rikas / vaene

....

ሃብታም / ድኻ

õige / vale

....

ቅኑዕ / ግጉይ

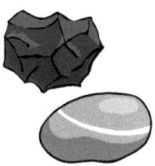

kare / sile

....

ሓርፋፍ / ልሙጽ

kurb / rõõmus

....

ጉሁይ / ሕጉስ

lühike / pikk

....

ሓጺር / ነዊሕ

aeglane / kiire

....

ቀስ / ቅልጡፍ

märg / kuiv

....

ጥሉል / ንቑጽ

soe / jahe

....

ምዉቕ / ዝሑል

sõda / rahu

....

ውግእ / ሰላም

numbrid

ቁጽርታት

0

null

ዜሮ

1

üks

ሓደ

2

kaks

ክልተ

3

kolm

ሰለስተ

4

neli

ኣርባዕተ

5

viis

ሓሙሽተ

6

kuus

ሽዱሽተ

7

seitse

ሸውዓተ

8

kaheksa

ሸሞንተ

9

üheksa

ትሽዓተ

10

kümme

ዓሰርተ

11

üksteist

ዓሰርተ ሓደ

12

kaksteist

ዓሰርተ ክልተ

13

kolmteist

ዓሰርተ ሰለስተ

14

neliteist

ዓሰርተ ኣርባዕተ

15

viisteist

ዓሰርተ ሓሙሽተ

16

kuusteist

ዓሰርተ ሽዱሽተ

17

seitseteist

ዓሰርተ ሸውዓተ

18

kaheksateist

ዓሰርተ ሸሞንተ

19

üheksateist

ዓሰርተ ትሽዓተ

20

kakskümmend

ዕስራ

100

sada

ሚእቲ

1.000

tuhat

ሽሕ

1.000.000

miljon

ሚልዮን

keeled

ቋንቋታት

inglise

እንግሊዝኛ

Ameerika inglise

አመሪካዊ እንግሊዛዊ

mandariini

ቻይናዊ ማንዳሪን

hindi

ሂንዳዊ

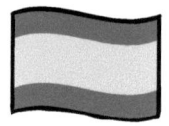

hispaania

እስጳኛዊ

prantsuse

ፈረንሳዊ

araabia

ዓረባዊ

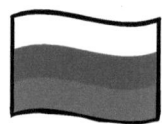

vene

ሩሲያዊ

portugali

ፖርቱጋላዊ

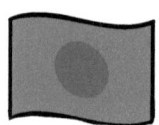

bengali

በንጋሊ

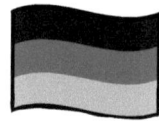

saksa

ጀርመናዊ

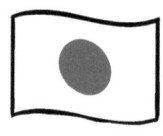

jaapani

ጃፓናዊ

kes / mis / kuidas

መን / እንታይ / ከመይ

mina

ኣነ

sina

ንስኻ/ኺ

tema

ንሱ / ንሳ / ንሱ

meie

ንሕና

teie

ንስኻ

nemad

ንሳቶም

kes?

መን?

mis?

እንታይ?

kuidas?

ከመይ?

kus?

ኣበይ?

millal?

መዓስ?

nimi

ሽም

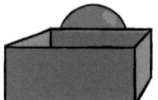

kus

ኣበይ

taga

ድሕሪ

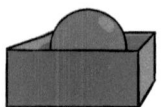

sees

ኣብ

ees

ኣብ ቅድሚ

kohal

ኣብ ላዕሊ

peal

ኣብ ልዕሊ

all

ትሕቲ ምድሪ

kõrval

ኣብ ጥቓ

vahel

ኣብ መንጎ

koht

ቦታ